百角文库

中华大人物

书画名流

乌蒙 等　编写

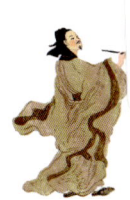

中国少年儿童新闻出版总社
中国少年儿童出版社

北　京

图书在版编目（CIP）数据

书画名流 / 乌蒙等编写 . -- 北京：中国少年儿童出版社，2023.12

（百角文库 . 中华大人物）

ISBN 978-7-5148-8389-3

Ⅰ . ①书… Ⅱ . ①乌… Ⅲ . ①书画家 – 生平事迹 – 中国 – 古代 – 青少年读物 Ⅳ . ① K825.72-49

中国国家版本馆 CIP 数据核字 (2023) 第 245002 号

SHUHUA MINGLIU

（百角文库·中华大人物）

出版发行：中国少年儿童新闻出版总社
　　　　　 中国少年儿童出版社

执行出版人：马兴民

丛书策划：马兴民　缪　惟		美术编辑：徐经纬	
丛书统筹：何强伟　李　橦		装帧设计：徐经纬	
责任编辑：徐　伟		标识设计：曹　凝	
责任校对：夏明嫒		封面图：赵墨染	
责任印务：厉　静			

社　　址：北京市朝阳区建国门外大街丙 12 号　　邮政编码：100022
编辑部：010-57526270　　总编室：010-57526070
发行部：010-57526568　　官方网址：www.ccppg.cn
印刷：河北宝昌佳彩印刷有限公司
开本：787mm×1130mm　1/32　　印张：3
版次：2024 年 1 月第 1 版　　印次：2024 年 1 月第 1 次印刷
字数：30 千字　　印数：1—5000 册
ISBN 978-7-5148-8389-3　　定价：12.00 元
图书出版质量投诉电话：010-57526069　　电子邮箱：cbzlts@ccppg.com.cn

序

提供高品质的读物，服务中国少年儿童健康成长，始终是中国少年儿童出版社牢牢坚守的初心使命。当前，少年儿童的阅读环境和条件发生了重大变化。新中国成立以来，很长一个时期所存在的少年儿童"没书看""有钱买不到书"的矛盾已经彻底解决，作为出版的重要细分领域，少儿出版的种类、数量、质量得到了极大提升，每年以万计数的出版物令人目不暇接。中少人一直在思考，如何帮助少年儿童解决有限课外阅读时间里的选择烦恼？能否打造出一套对少年儿童健康成长具有基础性价值的书系？基于此，"百角文库"应运而生。

多角度，是"百角文库"的基本定位。习近平总书记在北京育英学校考察时指出，教育的根本任务是立德树人，培养德智体美劳全面发展的社会主义建设者和接班人，并强调，学生的理想信念、道德品质、知识智力、身体和心理素质等各方面的培养缺一不可。这套丛书从100种起步，涵盖文学、科普、历史、人文等内容，涉及少年儿童健康成长的全部关键领域。面向未来，这个书系还是开放的，将根据读者需求不断丰富完善内容结构。在文本的选择上，我们充分挖掘社内"沉睡的""高品质的""经过读者检验的"出版资源,保证权威性、准确性,力争高水平的出版呈现。

通识读本,是"百角文库"的主打方向。相对前沿领域,一些应知应会知识,以及建立在这个基础上的基本素养,在少年儿童成长的过程中仍然具有不可或缺的价值。这套丛书根据少年儿童的阅读习惯、认知特点、接受方式等,通俗化地讲述相关知识,不以培养"小专家""小行家"为出版追求,而是把激发少年儿童的兴趣、养成正确的思考方法作为重要目标。《畅游数学花园》《有趣的动物语言》《好大的地球》《看得懂的宇宙》……从这些图书的名字中,我们可以直接感受到这套丛书的表达主旨。我想,无论是做人、做事、做学问,这套书都会为少年儿童的成长打下坚实的底色。

中少人还有一个梦——让中国大地上每个少年儿童都能读得上、读得起优质的图书。所以,在当前激烈的市场环境下,我们依然坚持低价位。

衷心祝愿"百角文库"得到少年儿童的喜爱,成为案头必备书,也热切期盼将来会有越来越多的人说"我是读着'百角文库'长大的"。

是为序。

马兴民

2023 年 12 月

目 录

1 　王羲之

17　顾恺之

33　吴道子

44　颜真卿

60　唐　寅

73　郑板桥

王羲之

（303—361）

　　王羲之，东晋时期大书法家，精通隶、草、楷、行各种字体，开创了独具风格的王派书法，被后人奉为"书圣"。代表作《兰亭集序》被誉为"天下第一行书"，序中有二十多个"之"字，形态各异，令人称叹叫绝。

　　他的儿子王献之书法成就也很大，父子二人被并称为"二王"。成语"东床快婿"是对王羲之洒脱性情的真实写照，"入木三分"形容书法笔力遒劲也由王羲之而来。

跟卫夫人学写字

王羲之从七岁起就开始学习书法。他的老师卫铄（shuò），是个很有名气的女书法家，人们称她卫夫人。卫夫人很喜欢王羲之这个聪明的学生，不但尽心地教他练字，还常用前人练字的故事来鼓励他。

一次，王羲之问卫夫人："我怎样才能快点把字练好？"

卫夫人看到王羲之急切的样子，就说："孩子，不要急，我先给你讲个墨池的故事吧。东汉的时候，有一个名叫张芝的人。他为了练好字，天天在自家门前的池塘边，蘸（zhàn）着池水研墨练字。字写完了，就在池塘里洗涮笔砚，日子一久，洗出的墨汁把整个池塘都染黑了。后来，他的字越练越好，写的草书笔势活泼流畅,富于变化,大家都管他叫草圣……"

王羲之一边听着张芝的故事,一边想:张芝为了练好字,洗笔砚的水把池塘都染黑了,他下的功夫多大啊!要是自己也像张芝那样刻苦,一定也能把字练好。

从那以后,王羲之练字更加努力了。他也像张芝一样,每天练完字,就到门前的池塘里洗笔砚。时间一长,原来清澈的池塘,也变成了墨池。后来,王羲之每搬到一处,都要在门前洗笔砚,留下的墨池比张芝的还要多。

北宋的文学家曾巩,十分钦佩王羲之的勤奋刻苦精神,他特地写了一篇《墨池记》的文章来赞颂这件事。

偷读《笔论》

王羲之的父亲王旷,对书法也很有研究,

珍藏了许多有关书法的书。王羲之十二岁的时候，有一天在父亲的枕头底下，发现了一本名叫《笔论》的书。

他打开书一看，原来这是一本讲述怎样写字运笔的书。看着看着，他很快被书里那些怎样执笔，怎样运笔和怎样掌握笔势、笔意的道理吸引住了。他越读越爱读，简直舍不得把书放下。于是，他就把书偷偷地拿出父亲的房间来读。

一天，王羲之正在读《笔论》，没想到让父亲发现了。王旷见儿子读得入迷的书竟是自己珍藏的《笔论》，感到很惊异，就问："你为什么要偷看我珍藏的东西？"

这时候，母亲也走过来问："孩子，你还小，像《笔论》这样高深的书，你能读懂吗？"

王旷恐怕王羲之年纪小，不能保存好自己

心爱的书，就说："你不要急，等你长大了，我自然会把这本书传授给你的。"

父亲要把书收起来，王羲之可有点急了，顾不得细想，"扑通"一声，跪在父亲面前，大声说："父亲，您就让我来读它吧！要是等长大了再读，那就太晚了！"

王旷听儿子的话说得有道理，就高兴地把《笔论》交还给他。

从此，王羲之更加认真地研读《笔论》，他照着书里讲的用笔方法练字，不到一个月，就有了很大的长进。他的老师卫夫人看到了，高兴地对人说："这孩子一定是看到了讲用笔要诀的书，他近来写的字，已经有成年人的水平了，将来他的书法一定会超过我啊！"

入木三分

王羲之在跟卫夫人学习书法以后，又学习了张芝的草书、钟繇（yáo）的楷书，可是他觉得还不够，决心向更多的书法家学习，把别人的长处统统学到手。

后来，他长大了，先后到武昌、九江等地做官。每到一地，看到前人留下的碑文、题字，他总要细心地临摹下来，一有空就拿出来看，认真地琢磨体会其中的特点。

王羲之练字入了迷，在路上，或是坐下的时候，也不忘揣摩字的间架结构、气势和运笔的方法。一边想，他一边就用手指在身上横一笔竖一道地划，日子久了，连衣襟都被划破了。

由于王羲之肯下功夫苦练，他的手腕变得很有劲，运起笔来十分有力。传说有一次，他在一块木板上写了几个字,刻字的工匠拿去刻字的时候发现,墨迹竟深深地渗透到木头里,足有三分深呢!可见王羲之的笔力是多么遒(qiú)劲有力啊!直到今天,人们还总爱用"入木三分"这句话来称赞笔力雄健、功夫很深的书法作品呢。

东床坦腹

王羲之的伯父王导是东晋的丞相。太尉郗(xī)鉴想和王家结亲,就让人去见王导,请他准许自己在王家的子弟里,为女儿挑选一个女婿。

王导爽快地答应了这门亲事。他让来人在自己家里随意走动观看,挑选中意的人。

郗太尉派人选女婿的事,很快就在王家子弟中传开了。大家早就听说,郗太尉的女儿不但品貌出众，而且是一位擅长书法的才女，谁要能娶她做妻子，那该多美呀！

于是，王家的子弟们赶忙穿戴得整整齐齐，个个都做出一副端庄稳重的样子来。那几天王羲之正巧住在伯父家，他听到郗鉴选婿的事，可没往心里去，满不在乎地躺在东厢房的一张竹床上，郗府的人过来，他就像没看见似的，依旧躺在那儿。

郗鉴的手下人回去，对郗鉴说："大人，我看王家子弟都很出众，只是有些不自然，只有一个青年人，袒露着肚皮，躺在竹床上吃东西，好像没有选婿这回事似的。"

郗鉴是个性格豪放的人，听手下人这么一说，很喜欢这个性情开朗、不受礼法习俗拘束的青年人。他高兴地拍着手说："他正是我要选的女婿呀！"

说完，他就让人去打听那个年轻人是谁，当知道是王羲之以后，很快就定下了这门亲事，把女儿嫁给了王羲之。

后来，根据这个故事，"东床"就成了女婿的代名词。

开仓赈灾

王羲之不但字写得好，也是个好官。351年，东晋朝廷任命他做会稽（在现在浙江省绍兴）内史（掌管民政的官）。当地常常因为受灾而闹饥荒，可是各级官吏不去设法救济灾民，反而趁机贪污国库里的粮食，照样向百姓派粮、派捐、派劳役。老百姓被逼得四处逃荒，很多人累死饿死。

王羲之到任之后，亲眼看到这种惨景，十分难受，他想：我既然做了官，就要为国家为百姓办几件好事,眼下救灾最要紧。

于是,他一连几次向朝廷报告,反映灾情,希望朝廷减免灾区的劳役和捐税,并请求开仓放粮,救济灾民。他还派人从外地运回大批的粮食,惩治一些贪污克扣救济钱粮的官吏。

经过王羲之的一番努力,会稽一带的社会秩序稳定了,百姓逃荒的也少了。大家都称赞他办了件好事。

可是王羲之的顶头上司扬州刺史王述,为人专横,总是跟他作对。王羲之觉得在王述手下做官是自己的耻辱。三年后,他假称自己有病,辞去了会稽内史的官职。他还写了一篇文章,在父母的坟前,诉说了自己对贪图名利地位的人的厌恶,并且发誓永远不再出来做官。从此以后,王羲之就一直在会稽山阴(在现在绍兴市)住了下来,专心读书,研究书法。

十八缸水

王羲之的几个儿子都擅长书法，最有成就的还是小儿子王献之。

王献之从小就跟着父亲学习写字。八岁那年，有一天他正在专心致志地练字，王羲之想试试儿子的腕力如何，就悄悄地走到他身后，猛地去拔他手中的笔杆儿。没想到，王献之的手握得很紧，竟没拔出来。王羲之见儿子年纪不大，却有这样强的腕力，高兴地说："这孩子的书法，将来会有出息的！"

王献之见父亲夸赞自己，练字更加用心了。过了一两年，他觉着自己的字写得很不错了，就拿给父亲看。王羲之看了看，觉得功夫还不到家，就在他写的一个"大"字底下加了一点，改成了一个"太"字。王献之见父亲没有夸赞自己，又把自己写的字拿去给母亲看，母亲看过之后，指着那个"太"字说："依我看，这些字里，只有这个'太'字中的一点的笔力像你父亲。"

听了母亲的话，王献之羞愧地低下了头。他感到自己的功夫还差得很远，就去向父亲请教。他对父亲说："您能告诉我练字有什么窍门吗？"

王羲之把儿子叫到窗前，指着院子里的十八口大缸说："把这些大缸里的水，磨墨练字，用完了，窍门自然就有了。"

王献之听了父亲语重心长的话，明白勤学苦练才是练字的"窍门"。从此他更加勤奋地练字，后来终于成了有名的书法家，人们常把他们父子并称为"二王"。

写《兰亭序》

会稽城西的兰渚山里，有条名叫曲水的小溪，溪边有一座亭子叫"兰亭"。那里翠竹环抱，景色十分幽美。王羲之很喜欢这个地方，常常到那里游玩。

353年的三月初三，王羲之约了谢安和孙绰等几十位亲朋好友，一同到兰渚山春游。他们一路观赏着山野春色，一路谈笑，玩得十分畅快。

后来，他们来到兰亭前的曲水旁，按照在水边祭祀可以免除一年灾祸的古老习俗，沿着弯弯曲曲的溪水在岸边摆放了些小桌凳，上面放好了酒菜和纸笔。大家分坐在凳子上。一个人拿着斟上了酒的酒杯，从上游放到水里，让它顺着溪水漂流下来。如果这只盛了酒的酒杯，漂到谁的面前停下来，按照规矩，谁就得把杯里的酒喝干，喝完还要即兴作一首诗，作不出诗就得罚三杯酒。

他们从中午玩到了傍晚，大家都喝了不少酒，作了不少诗，玩得开心极了。最后，大家把各人作的诗汇集到一起，商议着把它编成一本诗集。有人提议说："这些诗是在兰亭前作的，就叫它《兰亭集》吧！"

"还是请王大人为诗集写个序，把大伙今天聚会的情景记述下来，作为纪念吧！"又有人提议说。

听了大家的提议，王羲之也很赞同。他拿出上等好纸和名贵的鼠须笔，饱蘸浓墨，略为思索，借着几分醉意，用行书体写了起来："永和九年，岁在癸丑，暮春之初，会于会稽山阴之兰亭……"

不多一会儿，序文写完了。这篇总计三百二十四字的序文，不但写得情文并茂，抒发了王羲之对人生的感慨，而且用笔流畅，舒展自然，富于变化。特别是文中用了二十几个"之"字，每个"之"字的形态都随着上下字的笔势变化而变化，姿态各异，同上下相邻的字相映成趣，没有一个写法是相同的。众人见了，齐声喝彩说："这文章写得好，字写得更妙，不愧是大家手笔，将来定是传世之作呀！"

这篇一气呵成的序文，就是王羲之的代表作，流传千古的书法名篇《兰亭序》帖。

后来，《兰亭序》被王羲之的后代当作传家宝珍藏起来，直到唐朝的时候，被酷爱书法的唐太宗李世民想法弄到了手。他让大臣褚遂良、虞世南和冯承素用"勾描"的方法临摹下来，让大家学习。由于唐太宗的提倡，王羲之的字对唐代的书法产生了很大的影响。

可惜《兰亭序》的真迹失传了，不过通过流传下来的几件《兰亭序》摹本，人们仍然可以从中体会到王羲之书法的神韵。千百年来，王羲之的书法对我国楷书和行书的发展产生了极大的影响。人们把他的书法当作百世楷模，尊称他为"书圣"。

顾恺之

(约345—409)

顾恺之,东晋时期大画家。他作画意在传神,擅长画人像、佛像、禽兽、山水等,代表作《女史箴图》是我国存世最早最完整的国画作品,《洛神赋图》是我国十大传世名画之一。除了绘画以外,顾恺之还擅写诗赋,书法精湛,世人评价其有三绝:才绝、画绝和痴绝。

写《筝赋》

顾恺之小时候,长得虎头虎脑的,很惹人喜欢,父亲就给他起了个小名叫"虎头"。小虎头聪明又好学,不但爱写诗作文,画也画得很好。

一天,顾恺之的父亲在家里宴请几位客人。一位客人带来一把华美的筝,借着酒兴弹了起来。曲子弹完了,有位客人提议说:"这把筝真是太美妙了!要是写篇文章来赞颂它,那才好啊!"

在一旁陪客的顾恺之听了客人的话,略微思索了一下,就提笔写了起来。不一会儿,一篇题为《筝赋》的文章就写好了。

然后,他大声地读了起来:"这筝是多么的端正修直啊!弧形的筝面就像天穹(qióng,

是天空的意思。古人认为天中间高，四周低，是弧形的）一样深远，下面的筝底就像大地一样平坦。虽然它的身上绘着华丽的花纹，可它的本质却是那样朴实自然。这多么的和谐统一啊！许多人喜欢你漂亮文雅的躯体，可懂得音乐的人却更赞美你那清亮的声音……"

"好！太好了！这篇赋真可以和嵇康写的《琴赋》相媲美啊！"客人们连声称赞起来。

顾恺之听了大家的夸赞并没有沾沾自喜，而是爽快地说："为什么要拿我的文章和嵇康相比呢？不知道我的人，会因为我生得比他晚而看不起我，如果是赏识我文章的人，则会认真评价我的文章，用不着和前人相比。"

听了顾恺之的这番话，大家连连点头，都觉得这个十几岁的少年的确文思敏捷，气概不凡，是个很有抱负的少年才子。

瓦棺寺作画

顾恺之拜名画家卫协为师,勤学苦练,到了二十岁,他的画就十分出色了,很多人都知道这个青年画家。

东晋的京城建康(在现在南京市)城外,有一座寺院,名叫瓦棺寺。在刚建成的时候,寺里的和尚向来上香的人化缘。一些官员和财主,少的捐一万钱,多的捐十万钱。

一天,顾恺之也来到瓦棺寺,老和尚问他捐多少钱。顾恺之想了想,说:"我捐一百万钱吧!"

"一百万钱?"老和尚不禁惊呆了,这可是一大笔钱啊!他看着眼前这个年轻人,怎么也不敢相信这话是真的,过了一会儿,他才将信将疑地说:"阿弥陀佛!施主可别拿我出家人耍笑啊！"

顾恺之一本正经地说："师父请放心，我决不会失信的。只是有个请求，请您在寺院里粉刷出一面白墙来，让我在墙上画一幅画。"

老和尚果真按照顾恺之的话做了，在寺里粉刷出一面白墙。顾恺之打点起行装住到了寺里，关起门来作画。一个月过去了，顾恺之把老和尚找来说："师父，您明天打开寺门吧！请大家来看画。头一天来的人，每人收十万钱，第二天来的人，每人收五万钱，从第三天往后，就随他们给吧！"

和尚听了很纳闷：什么好画要收这么多钱？就忙跑到墙前去看。原来墙上画的是佛教中一位代表人物维摩诘（jié）的像。画中的维摩诘，在一群长裙飘飘、彩带飞舞的仙女簇拥下，屈腿端坐，几绺长须飘拂在胸前，微微张开的嘴巴,就好像跟谁说话似的。可是老和尚看了半天,感到缺少点神采,定睛一看,立刻惊叫起来:"哎呀,施主!您忘了画眼珠了!"

顾恺之笑了,说:"那是我故意留下不画的。"

"故意不画?那不成瞎子了吗?"

"这不用担心,到明天我自有办法!"

建康城里的人,早就听说顾恺之认捐了一百万钱以后躲在瓦棺寺里作画,又听说第一天看画的人要收十万钱,都想看看他到底画的是什么。一些想先睹为快的有钱人,在开寺门那天一大早,就聚集在寺门前了。

寺门打开了,人们拥了进去,把墙前挤得满满的。这时候,顾恺之拨开众人走到画像前,提起画笔,在维摩诘的眼眶里,用力地点了两下。缺少神气的画像顿时变得神采飞扬,像一个活生生的人端坐在大家的面前。人群中一下子响起了一片赞扬声。于是大家纷纷捐钱,没过多一会儿,就超过一百万钱了。

很快,顾恺之点睛传神的事就传开了。京城里上至皇亲国戚、各级官员,下至普通老百姓都纷纷来到瓦棺寺看画。大家都称颂顾恺之的高超画技。

有人问他:"你画得这么好,有什么窍门吗?"

顾恺之说:"画人像,外貌画得像固然要紧,更重要的是把眼睛画好,人是靠眼睛来传神的,画人像不在眼睛上下功夫不行啊!"

三笔画活一个人

顾恺之画画的名气一天天大起来,找他画像的人越来越多。一天,一个名叫裴楷的人请他画像。人们听说了，纷纷跑来观看。

只见顾恺之手握画笔，站在裴楷对面不远的地方，两眼盯着裴楷端详了好一阵子才在纸上勾画起来，没多大工夫，裴楷的模样儿就出现在画纸上了。

人们走近前一看，画得还真像。可是不知为什么，又觉得这幅画像同眼前的裴楷相比，好像还缺少点什么。

正在这时候，顾恺之又拿起画笔，在画像的脸上"唰唰唰"地画了三笔，把裴楷脸颊上长的三根毫毛画出来。大家一看，嘿！虽然这三根毫毛画得比实际上的夸张，可这么一来，裴楷那种开朗的性格和卓有见识的神态一下子就活灵活现地出现在画纸上了。人群中立刻发出了阵阵赞叹："呀！这三笔把人给画活啦！真是神来之笔呀！"

"对!真是名不虚传!"

其实,顾恺之三笔画活了裴楷,并不是偶然的,而是他有一套画好人物画的诀窍。顾恺之认为,要想把人物画好,不光模样儿要画得像,最要紧的是传神。所以他画人像的时候,十分注意观察人物的特征、性格和神态。这样画出的人物,自然有神了。

巧吃甘蔗

顾恺之的诗作得好,画又那么传神,而且性格也不同一般人。他性情爽朗,不爱计较小事,爱说些笑话,还经常做一些常人认为古怪难以理解的事。所以,人们就说他有三绝:才绝、画绝、痴绝。痴是傻的意思,人们喜欢他那傻乎乎的样子。

一次,顾恺之和几个朋友在一起吃甘蔗。

别人都是从靠根部比较甜的一端吃起，可他却先从甜味较淡的甘蔗梢吃了起来。有人见他这样吃觉得很可笑，就问："顾兄，我们的甘蔗都很甜，不知你的甜不甜？"

"是啊！你的甘蔗一定很甜吧？哈哈！"

顾恺之知道大家是在取笑自己，就一本正经地说："你们别忙着取笑，这吃甘蔗是有讲究的。照你们的吃法，开头虽说很甜，可越吃越没味儿，那有什么意思呢？我这样先从甘蔗梢吃起，开始虽然味儿比较淡，可越吃越甜，这叫'渐入佳境'啊！"

众人听了忍不住直点头。

画出来的诗

诗，都是写出来的，哪儿有画出来的呢？可在顾恺之的画笔下，诗情画意常常是交融在一起的。《洛神赋》就是一篇画出来的"诗"。

《洛神赋图》取材于三国时期曹植写的一篇著名诗篇——《洛神赋》。据说，曹植同一个美丽的女子甄氏相爱，可没料想，他哥哥曹丕也看上了甄氏。后来，曹丕当上了皇帝，利用权势霸占了甄氏。甄氏不愿嫁给曹丕，就跳进洛水（在今天的河南省境内）自尽了。曹植知道甄氏自尽的消息以后，十分悲痛。

一天，他来到洛水河边，悼念死去的甄氏。就在当天夜里，曹植梦见甄氏变成了洛水神前来同他相会。可是，等他醒来，屋里空荡荡的，哪里有甄氏的影子啊！曹植为了寄托自己对甄氏的思念，写了《洛神赋》，记下了这个优美动人的故事。

顾恺之读过《洛神赋》以后，被深深地打动了。于是，他按照诗中描述的情景，加上自己的想象，画下了《洛神赋图》。这幅画里，那衣带飘拂、容貌美丽的洛神，一次又一次地出现在人们面前。有时候，她站在夕阳映照的洛水上，含情脉脉地向曹植张望；有时候，又身披轻纱，遨游在云雾之间；有时候，她同曹植身影相随，在一起轻声细语；有时候，又独自一人在苦苦相思。画中的曹植神情恍惚，露出深深的悲苦和伤感，无限的思念之情……这幅优美的画卷生动地再现了诗人想象中的意境，给人们带来无尽的遐想！看着它，真像是在读一首如泣如诉、优美抒情的诗。

画在山岩中的像

一次，顾恺之的好友谢鲲（kūn）请他为自己画像。顾恺之很痛快地答应了。像很快画好了，看画那天，谢鲲约了几位朋友一同饮酒赏画。

顾恺之当着众人的面打开画卷,只见画幅中央,一个活生生的谢鲲站立在山岩之间,神态非常自然。

"顾兄,你为什么要把谢兄画在山岩之间呢?"一位朋友不解地问。

顾恺之指着谢鲲对大家说:"各位请看谢兄,他平素极爱游山玩水,常对人说,要他做官管理政事,他没多大本事;要是谈论起山水来,他是要比别人强的。你们说像他这样酷爱山水的人,把他画在山岩中,一来让他时时可以观赏山水风光,二来也使人一看便知谢兄的性格和爱好了。"

"好!好!这画画到我心里去了。"谢鲲高兴地拍起手来。

众人听了,仔细地观赏起这幅画来。画中

的谢鲲正是他平时爱山如癖的样子。大家都称赞说:"顾兄画人像,先琢磨人的性格,又能借物衬托,真是大家手笔呀!"

和羊欣论画

顾恺之在瓦棺寺作画捐一百万钱以后,东晋的大司马(掌管全国军事的官)桓温见他能写善画,就让他到自己手下当了一名参军(相当于今天军队里的参谋)。顾恺之也正想为国家干一番事业,就愉快地来到桓温驻扎的江陵(在现在的湖北省)。

一天,一个名叫羊欣的少年来见顾恺之,向他求教画画的学问。在桓温的客厅里,羊欣看到了许多稀世的名画,他高兴得手舞足蹈。

顾恺之想试试羊欣的眼力,就问:"这些画里,你看哪一幅画得最好?"

羊欣想了想说:"我看这些楼阁画得好,一层一层的,远近高低各不相同,那些雕梁画栋也画得细致逼真。"

"这楼阁自然画得不错,"顾恺之接着说,"但是亭台楼阁是有一定形状的,不会变动,照着它画,虽然画起来很费事,可不难把它们画好。"

见羊欣连连点头,他又继续说:"马和狗会跑会跳,要画好它们就比画房子难得多。人呢,除了能像狗和马一样活动,还有不同的脾气性格,喜、怒、哀、乐等表情;做不同的事,还有不同的姿势动态,要画出人的脾气性格和神态表情来,那才是最难的啊!"

说完,顾恺之指着一幅画着许多妇女的画让羊欣看。只见画上的妇女有老有少,有高有矮,有贫有富,可每个人都有各自的表情,有的爽朗刚毅；有的温柔慈祥；有的娴静腼腆，虽然画上没有标出她们的姓名，可读过史书的人，只要根据画上人物的神情和气质个性，细细琢磨，就可以猜出画的是谁了。

羊欣听了讲，看了画，非常佩服顾恺之的见解，高兴地说："我今天才算是懂得了绘画呀！"

后来，顾恺之把这次会见的事记了下来，加上他对一些当代名画家的评论，写成了一篇名叫《魏晋胜流画赞》的文章，这是我国现存最早的一部关于绘画理论的著述。顾恺之还写了《论画》《画云台山记》等文章，提出了许多对绘画原理和技法的见解。这些见解对后世影响很大，直到今天还为人们所重视和遵循。

吴道子

(约 689—759)

吴道子,盛唐时期最杰出的画家,被后世尊称为"画圣"。幼年曾跟随张旭、贺知章学习书法,后专攻绘画。他擅长画佛家和道家的人物画,笔下的人物神态逼真传神,尤其是人物穿着的衣物,画得线条流畅飘逸,就像被风吹得飘动起来一样。人们常用"吴带当风"来称赞他风格独特的画技。

烙饼的启发

吴道子刚开始学画的时候，总是画不好，时间一长，就有些灰心丧气了。

一天，他到一座寺庙闲逛，见有位老奶奶和一位大婶在烙饼。老奶奶把饼做好以后，随手用擀面棍一挑一扬，薄薄的饼就像长了眼睛似的，稳稳地飞落在大婶面前的饼铛（chēng）里。

那位大婶等饼烙熟了，也用竹片轻轻一挑，烙熟的饼分毫不差地落在一块木板上，一张一张的，摞得齐齐整整。

吴道子很佩服这两位妇女的技艺，禁不住问那老奶奶："老人家，您怎么会扔得这么准呢？"

"嗨，熟能生巧嘛！天天扔，年年扔，日

子长了,手就有准了呗。"老奶奶笑着回答说。

吴道子听了,心里猛然一亮:对呀!学画画,不也是这个理吗?从那以后,吴道子学画更加勤奋了。他见什么画什么,家乡周围的山哪、水呀、树哇,全被他画遍了。就连天空飞过一只小鸟,他也不放过,要赶紧把它画下来才放心。

人们常说,功夫不负有心人,天长日久,吴道子画画的技艺有了很大的长进,他画起圆圈和直线来,根本不用规和矩,提笔一挥就画了出来。他画人物,用像兰叶一样的线条来描画衣服褶(zhě)子,看起来就像是被风吹动一样,飘飘欲动。这时候,他虽然还不到二十岁,就以善画出了名。

心装三百里景色

吴道子长大以后,先当了几年县尉(协助县官管理治安的官)。后来,他为了学画,就辞了官职,到各地去画画。

那时候,洛阳有许多寺院需要画一些佛教故事的画。吴道子来到洛阳以后,就在那里画起壁画来了。

他画了一二百幅,大家都爱看。这样一来,他的名气也就一天天传开了。后来,皇帝唐玄宗听说吴道子的画技高超,就把他请到宫廷里当画师,让他专门为自己画画。

有一年,唐玄宗听人说,嘉陵江两岸的景色非常美,很想看一看,就让吴道子去一趟,画一幅山水画回来。

吴道子来到了嘉陵江边,尽情地游览了江

上美丽的风光，可他并没有作画。回到长安，唐玄宗听说他没画什么就回来了，很生气，就说："你去了这么多日子到底干什么了？"

"陛下，您先别急，嘉陵江三百里的景色全记在我心里了！"吴道子从容地说。

听吴道子这么一说，唐玄宗的脸上才有了笑容，他让吴道子在大同殿的墙壁上作画，吴道子只用了一天的工夫，就把三百里嘉陵江风光画了出来，画得很有气势。

当时还有一个叫李思训的画家，也画了一幅嘉陵江的山水画，画得很真实细致，可他用了几个月的时间才完成。

中国画是讲究默画的。默画的时候，画家把感受的主要东西画进去，把次要的舍弃掉，这样的画，主次分明，又能让人产生联想。吴道子就是这样一位高明的画师。唐玄宗看完高兴地说:"三百里嘉陵江景色,你一天就画出来了,可见功夫之深啊!"

日观三绝

吴道子的名气大了,请他作画的人也就多了。一次一位叫裴旻(mín)的将军带了礼物来见他,想请他为死去的母亲在洛阳天宫寺内画上一幅佛教故事画。

裴旻是个舞剑能手,他舞剑的技艺和李白的诗、张旭的草书一起被人称为"三绝"。吴道子早有耳闻,就退回礼物说:"裴将军,您善于舞剑,只要您能为我舞一回剑,就足够给我画画的酬劳了。过去,我的老师张旭在学书法的时候,曾经从公孙大娘(唐代舞蹈家)的舞姿上得到启发,使自己的书法更加流畅自如。明天我们一起去见他,您舞剑,他写字,我画画，您看怎样？"

裴旻十分高兴，答应了他的要求。第二天，他们两个和张旭相约来到了天宫寺。人们听说裴旻和草圣张旭、画圣吴道子要在寺里舞剑、写字、画画，也都纷纷赶来观看。

裴旻身着短装，手执一把青龙宝剑，时而蹲下，时而跃起，东劈西刺，左旋右转。那把利剑，一会儿像是游龙出水，一会儿像是猛虎下山，闪现出一道道银色的寒光。正当裴旻舞得激烈精彩的时候，忽听"嗖"的一声，他手中的宝剑就像离弦的利箭一样向空中飞去，一眨眼，又飞快地落了下来。就在宝剑快要落地的一瞬间，裴旻不慌不忙，举起剑鞘，对准落下的宝剑，只听"嚓"的一声，不偏不斜，宝剑插进了剑鞘。

"好！好！"围观的人齐声喝起彩来。

这时候，张旭和吴道子提起笔来。一个写起了草书，一个画起了壁画。他俩像是有了神的帮助，不一会儿，一幅狂放的草书和一幅神采飞扬的壁画就完成了。

人们看到这些，更加兴致勃勃，都高兴地说："今天真让人眼界大开！一天当中，看到了三种绝妙的表演。"

舞剑、写字和画画虽然是不同的艺术，可也是有某些相通的地方。吴道子观舞剑作画，正是从不同艺术中汲取营养呢。

画出了皇帝的梦

在我国古代的绘画珍品中，有一幅名画叫《钟馗（kuí）捉鬼图》。这幅画，也是出自吴道子之手。

据说有一次，唐玄宗生了病，昏昏沉沉地

睡了好几天。一天夜里，他忽然梦见一个面目狰狞的大鬼，捉住一个附在自己身上的小鬼吃了起来，不一会儿，就把那个小鬼吃掉了。

唐玄宗立刻感到自己病轻了好多，他上前去问那大鬼的姓名，大鬼回答说他名叫钟馗，生前是个练武艺的人，虽然自己武艺高强，却因为相貌长得丑陋，没能考中武举。一怒之下，撞地而死。大鬼还告诉唐玄宗说，他死后虽然变成了鬼，可除恶驱邪的壮志仍然存在，决心凭着自己浑身武艺，消灭天下的妖孽，为民除害。说也奇怪，唐玄宗梦醒以后，病竟然好了。

唐玄宗回想起梦里的情景，认定是钟馗使自己得了救。他想让画师把钟馗的像画出来，以表示感激之情。

唐玄宗把吴道子叫了来，把梦中的情景，尤其是钟馗那吓人的模样和吃小鬼的样子，一五一十地对他说了，他让吴道子照着他梦中的情景，画一幅《钟馗捉鬼图》。

这可真是件难办的事。吴道子反复琢磨着，怎样才能把钟馗画好。他想：钟馗虽然相貌丑陋，但是心地善良，是个有一身正气的鬼。我要把握住了这一点，才能画得好。

他画了好几次，最后画出来了。画上的钟馗，身穿一件又粗又破的蓝大衫，赤着一条丑陋的腿，腰间别着一个笏板（笏，hù 古代大臣上朝的时候拿来记事用的板子），头上戴着一顶小帽，蓬乱的头发从中挤出来，刺向上方。他左手拖住一个小鬼，用右手的食指，剜出小鬼的眼睛，正准备吃掉。整个画面笔力遒劲，钟馗的神态画得生动逼真。

唐玄宗看到了这幅画，不禁大声叫好，说："真不愧是'画圣'啊！画得简直和我梦中的情形一模一样，就像是随我一同做了这个梦一般。"

唐玄宗让人复制了许多钟馗像，送到各地去悬挂张贴。钟馗的形象受到了人们的喜爱，百姓们争相把它当作除恶驱邪的神像张挂起来。

颜真卿

（709—784）

颜真卿，唐朝著名书法家。他的楷体书法被称作"颜体"，气势雄浑刚健、开阔豪迈，颇具盛唐气象，至今被当作学习书法的楷模。代表作《麻姑仙坛记》被誉为"天下第一楷书"。除了大书法家的身份，他还是一位有着崇高气节的政治家和爱国英雄，在平定安史之乱中立下大功，最终在劝降叛军过程中英勇不屈、壮烈牺牲。

黄泥习字

颜真卿三岁的时候,父亲病死了。母亲只好带着他回到了外祖父家。

颜真卿的外祖父是位书画家,母亲也是个知书达理的人。他们见颜真卿很聪明,就教他读书写字。颜真卿练起字来很专心,一笔一画从不马虎,一写就是大半天。

母亲见儿子练字这样用心,心里又是喜又是愁。喜的是儿子将来一定会有出息;愁的是家境不宽裕,哪有余钱买纸供他练字呢?颜真卿很懂事,见母亲为没钱买纸的事犯愁,就悄悄地自己琢磨开了。

一天,颜真卿高兴地对母亲说:"我有不花钱的纸笔了,您别发愁了!"

"傻孩子,纸笔哪有不要钱的呢?"

"您瞧,这不是吗?"颜真卿手里举着一只碗和一把刷子,欢快地说,"这只碗是砚,这把刷子当笔,碗里的黄泥浆就是墨!"

"那……纸在哪儿呢?"母亲又问。

颜真卿用手指了指墙壁,认真地说:"这就是纸。不信,我写给您看!"

说完,他拿起刷子,在碗里蘸满了泥浆,走到墙壁前挥臂写了起来。等到墙上写满了字,他又用清水把字迹冲洗掉,然后又重新写起来。

看到儿子有了不花钱练字的好法子,母亲高兴地笑了。

由于颜真卿刻苦好学,长大以后,他不但练就了一手好字,而且成了一个博学多才的青年。

御史雨

颜真卿拜大书法家张旭为师，学成以后，他告别了张旭，回到了长安。过了没多久，朝廷就让他做了监察御史（负责监督各级官员的官）。

一次，颜真卿来到陇右（现在的甘肃、宁夏、青海一带）去巡查，发现五原（现在宁夏盐池县）有一件案子牵连了许多人，是一件冤案。虽然当事人和他们的亲属一再向官府申诉冤情，可办案的官员一直不认真察访审理，结果，案子拖了很久不能平反。

说来也怪，自打五原出了这桩冤案以后，天就一直大旱，没落一点雨星儿。水井干涸了，小溪断流了，田里的庄稼枯萎了。人祸加上天灾，五原的百姓日子过得苦极了。

颜真卿决心为这起冤案平反,他经过一番明察暗访,终于弄清了案情真相,重新审理了这个案子,最后解救了蒙冤受屈的人,惩治了失职的官员。五原的百姓人心大快,都说:"颜御史真是为百姓做主的好官啊!"

据说,就在颜真卿为蒙冤的人平反那天,好几个月不下雨的五原,一下子就下了场透雨,枯黄的庄稼没几天就变得一片青绿了。五原的百姓又把这场雨和颜真卿平反冤狱的事联系起来,四处传扬说:"准是冤情惹怒了上天,给五原带来这场旱灾,如今颜御史为受难的人申了冤,感动了老天爷,才有这场大雨呀!这场雨就叫'御史雨'吧!"

誓师起兵

过了几年,颜真卿被派到平原郡(现在山

东德州）去当太守。平原郡归渔阳节度使安禄山管辖，安禄山早有野心，暗地里招兵买马，准备时机一到就发动叛乱，好自己做皇帝。

颜真卿看出了安禄山的野心，就假装要预防洪水，加高加固了平原城的城墙，囤积了许多粮草，还趁机把能够打仗的青壮年登记起来，做好了守城准备。

755年，安禄山果真发动了叛乱，消息传来，颜真卿立即招集起队伍，流着泪对将士们说："叛贼安禄山的军队马上就要打过来了。为了保住我们的家园，保住大唐的江山，使我们的妻儿老小不受叛贼的残害，现在我决定立即起兵，讨伐叛军！"说完，他举起酒杯，把酒一饮而尽。

将士们感动得都流下了热泪，齐声说："我们要和叛军打到底！"

安禄山的军队攻打平原城,好久攻不下来,他又气又急。

正在这时候,叛军攻陷了洛阳,杀死了守城的唐朝官员李憕等人。安禄山就叫来一个名叫段子光的人,对他说:"你带上李憕的脑袋去见那个颜真卿,告诉他,不投降,就是这样的下场!"

段子光神气十足地来见颜真卿。可他一走进大厅,见颜真卿威严地坐在中央,两旁的将士们手握着寒光闪闪的刀枪,便吓得浑身冒冷汗,再也不敢神气了。

他强装出镇静的样子,对颜真卿说:"安将军的军队已经打下了洛阳,守城的李憕也被杀死。现在远近各县的人都归顺了安将军,他叫我带了李憕的人头来劝导你!"

说完,段子光把带来的人头"咚"的一声

扔到地上。

颜真卿看到李憕血肉模糊的人头，不由得怒火冲天，他猛地一拍书案，厉声喝道："来人！把这个叛贼给我砍了！"

段子光吓得浑身发抖，连声喊："你要是杀了我，将来要后悔呀！"

"为了国家安宁，我没什么可后悔的！"颜真卿铁青着脸说完，毫不犹豫地让手下人把段子光杀了。这件事传出以后，人们纷纷赶来投奔他，队伍很快就扩大到十几万人。

颜真卿坚守平原城，抗击了安禄山的大批军队，牵制了叛军的力量，为唐朝军队最后平定安史之乱，作出了重大贡献。

写《祭侄稿》

《祭侄稿》是颜真卿的书法代表作之一，

这里面有一段感人的故事。

在抗击安禄山的斗争中,颜真卿的堂兄颜杲(gǎo)卿和他一起发兵讨伐叛军。颜杲卿是常山郡(现在河北省正定县一带)太守,他率军和叛军苦战了好几天,可是因为寡不敌众被叛军俘获了。

安禄山叫手下人把颜杲卿和他的小儿子颜季明押到自己面前,问:"你为什么要反叛我?"

颜杲卿瞪着双眼,连声大骂道:"呸!我是唐朝的臣子,我为国家讨伐叛贼,这叫什么反叛?"

安禄山又气又恨,叫人用铁钩钩断了颜杲卿的舌头,可是颜杲卿还是骂不绝口。最后残暴的安禄山竟下令把颜杲卿父子活活地剐(guǎ,古代的一种酷刑)死了。

颜杲卿父子遇害的消息传到了平原,颜真卿悲愤极了。他想到颜杲卿一家满门忠烈,全家三十多口为国捐躯,就连少年英俊的小侄子颜季明也惨死在叛军的屠刀下,不由得泪流满面。

为了寄托自己的哀思,颜真卿决定为侄子颜季明写一篇祭文。他快步走到书案前,提笔写了起来。他越写越快,越写越悲愤,国恨家仇全部凝聚在笔端,一篇文字苍凉悲壮、用行书写成的祭文一气呵成。

这篇手稿是颜真卿含着泪写成的。文中有好几处因为笔写干又顾不上蘸墨而形成的枯笔,使人感到他的心情是多么悲愤啊!

这篇《祭侄稿》不但文辞好,书写妙,还饱含爱国热情。只有像颜真卿这样又是英雄又是书法高手的人才写得出来。

后来,这篇《祭侄稿》成为他最杰出的行书作品。历代书法家把它称誉为"天下第二行书"。它同东晋书法家王羲之的"天下第一行书"《兰亭序》一样,受到了人们的珍爱。

为国家死也甘心

782年,唐朝的淮西节度使李希烈又发动了叛乱。这时候,颜真卿已经七十多岁了,是个德高望重的老臣,在朝里做吏部尚书。

一天,宰相卢杞给皇帝唐德宗出主意说:"陛下,如果派一位有声望的大臣去劝说李希烈,他一定会悔过的。这样,您不用一兵一卒就可以把叛乱平息了。"

"派谁去合适呢?"唐德宗问。

"我看让颜真卿去最好。他是我朝的老臣嘛!"卢杞说。

唐德宗听了卢杞的话，就派颜真卿去淮西劝降。

满朝的文武大臣听说这件事都吃了一惊，暗暗替颜真卿捏了一把汗。因为大家知道，李希烈是个反复无常、凶狠残暴的人。谁去劝降都是凶多吉少，他们也知道卢杞早就恨颜真卿说话太直，他出这个主意一定是不安好心。于是一些人就劝颜真卿，以年老体弱为理由推辞不去。

颜真卿明知去了很危险，可他不害怕，对大家说："我已经是七十多岁的人了，还有什么可怕的？要是能够说服李希烈投降，国家和百姓就可以免受更大的灾祸。哪怕是只有一线希望我也要去，我就是死也甘心！"

说完，颜真卿连家也没有回，只带了一个家童，骑上快马就向淮西进发了。

壮烈的死

颜真卿见到了李希烈，当他正准备宣读唐德宗劝降诏书的时候，突然从两旁拥出一大群杀气腾腾的武士来。他们把颜真卿紧紧地围在中央，一边用匕首在颜真卿眼前比比画画，一边大声地叫骂着："杀死他！杀死他！""杀了他！割他的肉吃！"

面对着这群凶狠的武士，颜真卿的两脚站得稳稳的，脸上的颜色一点也没有改变。

李希烈见这招不灵，就假意喝退了武士，赔着笑脸对颜真卿说："颜大人，手下人无礼，莫见怪。还得请您在皇上面前替我说几句好话呢！"

颜真卿严肃地说："别的话少讲，你只要归顺朝廷，自然不会获罪。"可是李希烈根本听不进劝告。他把颜真卿扣押下来，想借颜真卿的威望来扩大自己的势力。

一天，李希烈设宴把颜真卿"请"了去，一个叛军将领见他走进来，连忙站起身来说："久仰颜大人的名望，现在李元帅正要商议建国大计，您来了，这真是上天把一个宰相赐给了李元帅呀！"

听了这句话，颜真卿气得脸都变了色，他厉声斥责说："谁会当你们的宰相！你们知道颜杲卿吗？他是我的兄长。安禄山叛乱的时候，他起兵讨伐，不幸被安禄山抓住，临死前，舌头被铁钩钩断，还痛骂叛贼不止。我今年七十五岁了，只知道和哥哥一样去死，怎么能帮助你们这些叛贼呢！"

李希烈见软办法不行，就想用死使颜真卿屈服。他让兵士在院里挖好了一个大坑，然后把颜真卿带到坑前,威胁说:"颜大人,你到底答应不答应?你再不答应就把你活埋掉!"

"别耍花招了,给我一把剑,我马上就死在你的面前!"颜真卿毫不畏惧地说。

李希烈见颜真卿不屈服,只好又把他关了起来。

李希烈不死心,过了些天,又叫人架起一堆干柴,点起熊熊烈火,然后把颜真卿带到火堆前。一个叛将对他说:"再不归顺李元帅,就活活烧死你!"

颜真卿轻蔑地看了看那个叛贼,一句话也不说,纵身向火堆扑去。叛将不敢真把颜真卿烧死,连忙上前把他拉了回来。

李希烈不能使颜真卿屈服,又不肯放他回去,就下了毒手。784年的一天,他派人用绳子把颜真卿勒死了。

颜真卿这位杰出的书法家和政治家为了维护国家统一，英勇就义了。他为我们留下了宝贵的书法遗产，也留下了高尚的人格。他的字刚劲雄浑，他的品德坚贞不屈，千百年来一直受到人们的敬佩。

唐 寅

(1470—1524)

唐寅,字伯虎,明朝著名画家、诗人、书法家,名列"江南四大才子"之首。他擅长画山水、人物、花鸟等,人物画中以仕女画尤为传神。他的诗文真切平易,意境清新,流露出对人生、社会的傲岸不平之气。唐寅在书法上也很有成就,行书技艺极为精湛。他一生经历曲折坎坷,晚年穷困以卖画为生,与广泛流传民间的《唐伯虎点秋香》中风流倜傥的形象有着较大反差。

小虎子变啦

1470年的一天,在江苏吴县皋桥一个姓唐的酒店老板家里,一个男孩降生了。因为这年是庚寅年,即虎年,父亲就给他起名叫唐寅。父亲希望他像小老虎一样结结实实地成长起来,还给他起了个小名叫"伯虎"。

日子一天天过去了,唐寅果然像父亲希望的那样,长得又聪明又健壮。可是,他性格顽皮,成天和远近闻名的"狂生"张灵在一起喝酒闲逛,动不动还嘲笑别人是名利之徒,平庸之辈。父亲见到这情形,心里很是为儿子着急。

后来,父亲发现唐寅对常来店里喝酒的读书人祝允明(又叫祝枝山,明代书法家、文学家)格外敬重,就对他说:"祝公子,您比我家伯虎大十岁,他很佩服您的才学,一定会听您的话,请多劝劝他,让他把聪明用在读书上吧!"

"好,我试试看吧!"祝允明答应了。

从此以后,祝允明每次来到酒店喝酒,都有意地把唐寅叫到跟前,问他最近读了哪些书,还把一些好文章找来让他读。有时候,还给唐寅讲一些大学问家刻苦读书的故事。唐寅到祝允明家,看到祝允明在书房里,不是挥毫练字就是伏案读书,慢慢地也就学着祝允明的样子,认真地读起书来了。

父亲见儿子变得好学上进了,心里非常高兴。他逢人就说:"我家的小虎子变啦!"

拜师学画

祝允明常来找唐寅一起读书。一天,他看

到书桌上放着唐寅画的几幅画,就说:"你爱画画?我有位朋友叫沈周,他很会画,你去拜他做老师吧!他很喜欢有才华的年轻人。"

"那太好了!"唐寅高兴地跳了起来。

第二天,唐寅带了几幅自己认为画得好的画,和祝允明一起来到了沈周的家。

沈周仔细看了唐寅的画稿,细心地指点了一番,最后诚恳地说:"看你的画,知道你是有灵气的,不过,你还缺少真功夫。学画不能光靠临摹,还要多观看从古至今的名画,游览名山大川,增长见识。这样,你画出的画才能有血有肉啊!我有一个朋友叫周臣(明代大画家),他画的人物比我好,我给他写封信去,他一定乐意收你做学生。"

过了几天,唐寅带了沈周的信,找到了周臣。周臣很高兴地收他做了学生。

从此以后,唐寅除了认真读书,就在沈周和周臣两位老师的指点下专心地学起画来。苏州是文人很多的地方。唐寅在祝允明的帮助下,又结识了文徵明(明代书法家、画家)、徐祯卿(明代诗人)等有才学的年轻人。他们常在一起讨论学问、吟诗作画。几年下来,他们的诗、书、画都出了名,成了远近闻名的才子。人们称他们四人是"吴中四杰"。

飞来横祸

唐寅刻苦读书,二十九岁那年,在省城南京举行的乡试上考中了第一名。主考官非常赏识唐寅的才华,说他是江南奇才。唐寅的心里也十分得意,决心再接再厉,去参加在北京举行的会试,争取金榜题名,好施展自己的才能。

第二年,唐寅和一位名叫徐经的考生一同

坐船北上,去京城赶考。

徐经是江阳一家富户的子弟。来到京城以后,他带了礼物去看望以前的老师、现在的主考官程敏政。唐寅也陪他一起去了。

会试结束后,唐伯虎感觉考得十分出色,急切地等待着放榜。谁料想,他等来的却是一场飞来横祸。

事情是这样的:发榜前一天,几个如狼似虎的差役,突然破门而入,闯进唐寅和徐经的住处,二话不说,就把他们绑了起来,关进了监狱。经过几次提审,唐寅才弄明白是怎么一回事。

原来,徐经在会考以前,暗中买通了主考官程敏政的家仆,事先得到了试题。不料事情败露了,朝廷不问青红皂白把唐寅和作弊的徐经一起抓了起来。唐寅不管怎样申辩也没有用，问供的时候，还把他打得遍体鳞伤。

后来，事情的真相查清楚了，唐寅并没有参与收买主考官家仆的事。可是朝廷明知冤枉了唐寅，也不认错，虽然把唐寅放了出来，却取消了他的"名籍"，使他一生中再不能参加科举考试。还把他发派到浙江当一名小吏（没有品级的小官）。唐寅快要气疯了，他蒙受了奇耻大辱，气愤地大声叫道："士可杀，不可辱！"

就这样，他拒绝去当那个小吏，怀着一肚子怨气回家乡去了。

不使人间造孽钱

唐寅遭受不白之冤后，丢掉了求取功名的念头，开始专心地画画。

他积攒了一些钱，用了一年多时间，游历

了富春江、天台山、雁荡山、武夷山、庐山等名山胜景。他饱览了祖国的绮丽山水,胸怀变得更宽广了。加上他平日博览群书,有深厚的生活体验,从那以后,他的绘画就更加精妙了,就连他的老师周臣看了他的画,也称赞说:"我的画不如唐寅的雅,因为我胸中缺少他的数千本书啊!"

唐寅云游四方回来后,一位叫九娘的女子,倾慕他的才学,嫁给了他。他俩在苏州城西北的桃花坞住了下来。从此,唐寅靠卖画为生。

有人见唐寅才华过人,就劝他先去官府中做个小吏,以后找机会升官。可唐寅看透了官场的黑暗,决心不去追求利禄了。他写下了这样一首诗来表明心迹:

不炼金丹不坐禅,不为商贾不耕田。

闲来写就青山卖,不使人间造孽钱。

唐寅的这首诗意思是说,我宁肯闲的时候画些画来卖,也不去做官,使那些靠搜刮百姓得来的罪恶钱!

不再画仕女像了

唐寅很善于画仕女画。他笔下的仕女,体态轻盈,端庄秀丽,很受人们的喜爱。可是到了晚年不论谁求他画仕女,他都不肯画了。这是为什么呢?

原来南昌(在现在江西省)的宁王朱宸濠早就想谋反,夺取皇位。为了收买人心,搜罗人才,他听说唐寅的名气后,就请唐寅到自己府中做事。

唐寅本来并不想去,可又不好推托,只好

来到南昌。

宁王见唐寅来了,很高兴,他叫出九个长得十分标致的女子,让唐寅为她们画像。唐寅以为是宁王的妻妾,就答应了,开始给这些女子画像。

两个月过去,像画好了。宁王让人把画像挂起来,仔细地欣赏。只见画上的这些女子,不但画得十分俊俏多姿,就连每个人的脾气、性格和爱好也都画出来了。

"好!好!"宁王连声叫道,"这些美女的画像要是送到皇上那儿,一定会被选中的。到那时候,唐先生的名气一定会更大!"

听了宁王的这些话,唐寅心里一惊,才知道这些女子是宁王为了讨好皇上选送的美女。他一想到这些善良纯真的美貌女子,就要被送进皇宫,供皇帝享乐玩弄,难过极了。

后来他又发现宁王在暗地里招兵买马，准备谋反，就更着急了。他想：我要是再待在这里，那不就成他的帮凶了吗？唐寅想离开这个是非之地。可宁王不肯轻易放他回去。唐寅只好装起疯来。大热的天，他身穿着弄得满身泥浆的棉衣，一会儿哈哈大笑，一会儿失声痛哭，说起话来前言不搭后语。要不就喝得醉醺醺的，昏昏大睡。宁王见这样，以为唐寅真的疯了，只好放他回家。

唐寅回到家乡不久，宁王果然发动了叛乱，后来兵败被杀。唐寅为自己逃脱虎口而庆幸，也为自己做了一件对不起人的事而懊悔，从此再也不画仕女像了。

江南第一风流才子

在民间有一出流传很广的戏，叫《三笑姻

缘》，又叫《唐伯虎点秋香》，写的是唐伯虎装扮成书童，去追求一个大户人家的丫头秋香的故事。戏里的唐寅成天吃吃喝喝，疯疯癫癫，是个风流才子。其实，这个故事是后人编造出来的，并不真实。唐寅虽然曾经自称"江南第一风流才子"，也曾放荡不羁过，可他不是戏里传说的那种人。

唐寅装疯作傻从江西回来以后，虽然避免了一场杀身之祸，可一想到自己一生几经坎坷，虽然有很高的抱负和才气，却得不到施展的机会，心里就不痛快。他越想越生气，只好每天用写字作画、饮酒作诗来排解心中的苦闷。过了没几年，妻子九娘去世了，这一连串的打击使唐寅更加愁苦和潦倒了。

1524年，才高自负的唐寅，终于在凄凉失意的苦闷中离开了人世。那一年，他刚刚五十四岁。

　　唐寅在诗、书、画上的过人才华和不肯趋炎附势的性格,受到了人民的喜爱。几百年来,关于他的故事一直在民间流传。

郑板桥

(1693—1766)

郑板桥,清代著名书画家、文学家,康熙朝秀才,雍正朝举人,乾隆朝进士,是"扬州八怪"的重要代表人物。他擅长画兰、竹、石、松、菊等,其中画兰、竹成就最为突出。他重视艺术的独创性和风格的多样化,巧妙地将诗歌、书法、绘画、篆刻融为一体,对今天的艺术创作仍有借鉴意义。郑板桥性情率真、为官清廉,十分关心民间疾苦,为百姓办了很多好事。

改 诗

郑板桥原名郑燮（xiè）。他的家乡兴化城的东门外，有座木板桥。站在桥头上，可以看到四周美丽的风景。郑燮小时候，常从桥上走过。他很喜爱这座桥，就给自己取了个别名叫"板桥"。

后来，郑燮在写字作画的时候，总要题上"板桥"这个别名。时间一长，人们都叫他这个名字，他原来的名字郑燮反倒没有多少人记着了。

郑板桥十岁那年，有一天，跟着老师和几个同学到城外春游，经过一座小桥的时候，看到水中有一个少女淹死了。

看到这个少女不幸死去，老师觉得很惋惜，沉吟了一会儿，念出一首诗：

二八女多娇，风吹落小桥。

三魂随浪转，七魄泛波涛。

老师念完诗，几个学生连声叫起好来，只有郑板桥没吭声。老师见郑板桥不说话，就和气地问："你说说看，这首诗作得好不好？"

"先生，您的诗说得不对！"郑板桥很直接地说。

"噢，是哪里不对？"老师听了很惊奇。

"先生，您认识这个少女吗？"郑板桥不慌不忙地问。

"不认识。"

"既然不认识，您怎么知道她十六岁呢？还有，您没看到她是怎样落水的，又怎么能说她是风吹落水而死呢？再说，三魂七魄谁也看不见,您又怎么知道是在浪里打转呢?"

郑板桥的一席话,一下子把老师问住了,他不由得连连点头,又对郑板桥说:"依你看,这四句诗应该怎样改呢?"

郑板桥想了想,就大声地念起来:

谁家女多娇,何故落小桥?
青丝随浪转,粉面泛波涛。

"改得好!改得好!"郑板桥的话音刚落,老师就称赞说,"比我的诗好多了。"

从那以后,老师更加喜爱郑板桥了,尽心地教导他。郑板桥不但熟读了四书五经,还在绘画、书法、作诗上有了名气,二十岁的时候,就成了兴化有名的秀才。

奇怪的县太爷

郑板桥虽然成名很早，可是直到四十四岁的时候，才考中了进士。六年以后，朝廷派他到范县（在现在河南省）当了知县，那一年，他已经四十九岁了。

接到上任的命令以后，郑板桥骑了头小毛驴，带着书童，风尘仆仆地来到了范县。

一到县衙，郑板桥就让衙役找来几个泥瓦匠，对他们说："今天请各位来，是请你们在县衙的墙上开几个洞。"

"什么？"大家都不相信自己的耳朵了。

"对，开墙洞！"郑板桥又说了一遍。

"老爷，这好好的墙为什么要开洞呢？"

"我要出出这里的臭气！不开墙洞，外面的清新之气进不来，里面的污浊臭气出不去，那还不把人臭死了呀?"

"那前几位老爷为什么都不嫌臭而您却嫌臭呢?"一个上点年纪的瓦匠斗胆问了一句。

"他们爱污浊之气,而我生来爱清洁啊!"

听了郑板桥的话,大家这才明白,眼前的这位县太爷和前面几任县太爷不一样。不是那种贪得无厌、只知道搜刮民财的贪官。他在县衙的墙上开洞,是为了表示他对那些贪官的痛恨和厌恶。

郑板桥在范县当了五年知县,从不摆官架子,办事公道,廉洁爱民,关心百姓的疾苦,为范县百姓做了许多好事。

对影画竹

郑板桥最爱画的是兰、竹、石、菊。特别是竹子,他画得最好,虽然只是稀疏的几根竹竿，几枝枝条，十几片叶子，但看上去却疏密得当，坚劲挺拔，透着一股子勃勃生机。

郑板桥为什么这么喜爱竹呢？还在郑板桥年轻的时候，他家茅屋后有片竹林。读书读累了，他就到竹林里散散心。青翠的竹林，充满着生机，郑板桥闻着竹子的清香，心想：竹子虽然说是空心的，可经得起风雨的吹打，从不倒伏，无论是炎夏还是寒冬，总是碧绿青翠，从不凋谢。它的品性，不正是人们喜欢的那种虚心向上，又有骨气的高贵品质吗？

从此，郑板桥更加爱竹，更爱画竹了。为了画竹，他特意在自家窗前栽了几丛竹，让白天的日光和夜晚的月光，把竹影投射到窗纸上，他就对着窗上的竹影画起来。

就这样，天长日久，竹的形态在郑板桥的心里记得烂熟。画竹的时候，随手几笔就能把一枝枝神形跃然的竹画出来。后来，郑板桥在遭受挫折的时候，常借画竹来表明自己的心迹。他在一幅墨竹图上题过这样一首诗：

咬定青山不放松，立根原在破岩中。
千磨万击还坚劲，任尔东西南北风。

这首诗和图上的几竿坚挺的瘦竹，正是他性格和生平的自我写照。

六分半书

郑板桥从小就喜爱书法，常常比照着名人的碑帖练字。他摹写的名人字迹，简直让人分不出真假。

一天，郑板桥练字练得很晚才睡下，躺在床上还不停地比画着字的间架结构，画着画着，不知不觉画到了妻子徐氏的身上。徐氏被惊醒了，生气地说："你在我身上瞎画什么，还让不让人睡觉？"

"我，我在练字呢。"

"我有我的身体，你有你的身体，人各有体，你不在自己身上写，怎么在我身上乱写呢？"徐氏说。

郑板桥听了，心里猛地一亮：是呀，从来有名的书法家都是自成一体的，我不能总是模仿别人，要写出自己的笔体呀！

想到这儿，郑板桥再也躺不住了，索性起床写起字来，他边写边想起门前青石铺的小路，每当雨后，石板路被雨水冲刷得干干净净，那些铺路的石板，大的大，小的小，歪歪斜斜，疏疏密密，虽然是无心铺成，可错落有致，给人以一种很美的感受。想着，写着，一种新奇独特的字体在郑板桥的笔下出现了。

这字体,既像隶书,又像楷书,还有草书、行书的笔法,更奇妙的是还掺入兰竹的笔画,使书画融为一体。这新字体,猛地看去,就像是乱石铺街,细一看却是分行布白自有章法,有一种新奇独特的美感。

隶书在古时候叫八分书,郑板桥想:这种字体介于楷隶行草四种书体之间,而"隶"多于其他书体,就叫它"六分半书"吧!

后来,郑板桥的"六分半书"受到了人们的喜爱,被称为清代的一绝。

开仓放赈

1745年,山东潍县发生了大海潮和旱灾,几十万亩粮田颗粒无收。百姓们吃完了草根树皮,只好去吃观音土(一种白色黏土),结果许多人被活活地胀死。一些地方，甚至出现了人吃人的惨事。

面对着这场大饥荒，潍县知县吓得弃官逃走了。朝廷想到郑板桥在范县政绩不错，就把他调到了潍县。

上任的路上，郑板桥看到路边到处是倒毙的饥民，心情十分沉重。他想：救灾如救火，要赶紧上奏朝廷，开仓赈济才行啊！

可是，申请开仓的奏章一连送上去三次，却一点回音也没有。

看着灾情一天比一天严重，郑板桥心里就像刀割一样难受。他想：不能再拖了，眼下只有马上开仓放赈，才能救民于水火。他把县丞和典史叫来商议，说："现在每天都有百姓被饿死。我打算先开仓放粮，救济灾民。你们看怎么样？"

县丞和典史听了吓得连连摇头。县丞说:"大人,私开官仓是犯死罪的呀!朝廷要是怪罪下来,谁能担待得起?还是等奏章批下来,再放赈吧!"

"是,是这样啊!"典史也随声附和说。郑板桥很生气,他大声说:"你们怕自己掉脑袋,难道就不怕几十万百姓活活饿死吗?如果等朝廷批下来,百姓就饿死得差不多了!"

郑板桥猛地一拍桌子,站起来说:"这事我做主了,千刀万剐由我一人承担!传我的令,明天开仓放赈!"

放赈的消息很快传开,灾民们纷纷赶来领取了救济粮,许多快要饿死的人得救了。

一枝一叶总关情

虽然放赈救活了许多百姓,可潍县的灾情

依然很严重。郑板桥一面继续上奏朝廷，说明开仓赈济的原因，一面采取了一些减轻灾情、安置灾民、发展生产的措施。

他先责令那些囤积粮食牟取暴利的奸商，按照市价把粮食卖给百姓，又以抵御海潮的名义，让城里的富户们出钱，修理潍县城墙。让远近没有饭吃的百姓来做工，以工代赈。那些趁着救灾机会贪污钱粮的官吏和欺压百姓的恶霸豪绅，他也惩治了不少。为了使潍县的百姓得到休养生息的机会，郑板桥还把百姓们向官府借粮的借条全部烧掉了。经过一番治理，人心安定了，出外逃荒的人又陆续回来了，潍县开始有了生机。

不久朝廷派官员来调查开仓赈济的事，了解到真实的灾情和郑板桥的所作所为，便如实地上奏了。朝廷也没有怪罪。

当朝廷派来的官员离开潍县时,郑板桥画了一幅《风竹图》送给他,画上题了一首诗:

衙斋卧听萧萧竹,疑是民间疾苦声。
些小吾曹州县吏,一枝一叶总关情。

诗的意思是说:躺在官衙的书斋里听着风吹竹子的萧萧声,就像是听到了民间疾苦的声音。我们这些官职低微的州官县吏,对民间一点一滴的小事总应该多多关心啊。

郑板桥写这首诗,既包含了对上司的劝勉,也有对自己的激励,他正是像诗里所说的那样去做的。

难得糊涂

郑板桥在潍县为百姓办了许多好事,可也

得罪了一帮子贪官污吏和富豪，受尽了打击陷害。官场里的黑暗使他伤透了心。

一天，秋雨下个不停，郑板桥独自喝着闷酒，想着为官这十年的事。

他想到自己几十年苦读诗书，想做个为民做主的清官，可这个世界里，令人不平的事到处都是，做个小小的县官，要为百姓办几件好事真难哪！他想到书上和朝廷都说做官要清正，要爱护百姓，可为什么不贪不占的清官吃不开，贪赃枉法的昏官却连连升官。还有，同样的人，为什么有贫有富，富人欺负穷人。再有，为什么不种粮的人粮满仓，花天酒地，而种粮人反被活活饿死？这世道为什么奸诈小人得势，忠厚本分的人受欺压……

他越想越气恼，猛然起身，提起笔写下几个歪歪斜斜、姿态古怪奇丽的大字：难得糊涂。

停了一会儿,他又写下了一行小字:聪明难,糊涂难,由聪明而转入糊涂更难,放一着,退一步,当下心安……

写完后,郑板桥心里松快了些,他觉得自己身体大不如前了,决定向朝廷打报告辞官。

罢官回乡

郑板桥的辞官报告还没得到批准,就被朝廷以擅自开仓、贪污国库钱粮的罪名罢了官。消息很快传开了,在郑板桥离任的那天,百姓们从几十里以外赶来,捧着酒和香烛等候在路旁为他送行。

郑板桥出了县衙,只带着一点简单的行装。他骑在一头小毛驴上,另一头驴驮着书和乐器。俗话说,"三年清知府,十万雪花银",可他做了十几年官,却两袖清风。这在那个大官大贪、小官小贪的社会里是多么难得啊！

郑板桥见新上任的县官也来送行，就对他拱拱手说："人家说我贪污，你看我这点行装，贪污的钱放在哪儿，连我自己也不知道。但愿你老兄离任的时候，别忘了我今天的情景啊！"

新任县官听出郑板桥话里有话，愣在那里半天也没说出一句话来。

潍县的百姓一直把郑板桥送到十几里以外的地方。分别的时候，郑板桥拿出自己画的一幅墨竹和一幅菊花，在画上题了一首诗，送给了两位老人。这首诗是：

乌纱掷去不为官，囊橐萧萧两袖寒。
写取一枝清瘦竹，秋风江上作渔竿。

诗把郑板桥对官场黑暗的愤恨和失望心情

表现了出来，他情愿今后靠卖画为生，再也不愿做官了。

扬州八怪

郑板桥罢官回乡后，在扬州（在江苏省）过起了靠卖画为生的日子。他先后结识了汪士慎、黄慎、金农、高翔、李鱓（shàn）、李方膺（yīng）、罗聘（pìn）七位书画家，常同他们一起饮酒赋诗，写字作画。

这八位书画家，多是平民百姓，只有李鱓和李方膺同郑板桥一样做过几年县官。他们不但地位相近，意气相投，对世道的看法一样，而且都能写诗画画，各有各的特长。由于这八个人的画，风格独特，不受前人画法的束缚，在一些正统画派的人看来怪异得很，所以人们就把他们称为"扬州八怪"。

郑板桥的画充满了真气、真意、真趣，受到了人们的喜爱。一些故作风雅的有钱人常来买郑板桥的字画，对这些人，郑板桥毫不客气，收够了酬金才画，不然一个字也不写，小气得很。可是对于穷苦百姓他却乐于相助。每当他外出的时候，都要背上一个大口袋，里面装着许多铜钱和食物，遇到遭难和挨饿的人，他就拿出来相助。

1766年，七十三岁的郑板桥经历了无数的磨难后在扬州病逝了。人们喜爱他的书画艺术，也爱他正直、清廉，关心百姓疾苦的品德，多年来，民间一直传颂着他的故事。